# ¿Qui[é]

# Harry Houdini?

# ¿Quién fue
# Harry Houdini?

Tui T. Sutherland
Ilustraciones de John O'Brien

*Para Cosmo y George, magos de los tiempos modernos.*
T.T.S.
*Para Tess.*
J.O'B.

# loqueleo

Título original: *Who Was Harry Houdini?*
© Del texto: 2002, Tui T. Sutherland
© De las ilustraciones: 2002, John O'Brien
©De la ilustración de portada: 2002, Nancy Harrison
Todos los derechos reservados.
Publicado en español con la autorización de Grosset & Dunlap, una división
de Penguin Young Readers Group

© De esta edición:
2016, 2009, Santillana USA Publishing Company, Inc.
2023 NW 84th Avenue
Miami, FL 33122, USA
www.santillanausa.com

*Loqueleo* es un sello de **Santillana**. Estas son sus sedes:

ARGENTINA, BOLIVIA, BRASIL, CHILE, COLOMBIA, COSTA RICA, ECUADOR, EL SALVADOR,
ESPAÑA, ESTADOS UNIDOS, GUATEMALA, MÉXICO, PANAMÁ, PARAGUAY, PERÚ, PORTUGAL,
PUERTO RICO, REPÚBLICA DOMINICANA, URUGUAY Y VENEZUELA.

*¿Quién fue Harry Houdini?*
ISBN: 978-1-63113-852-2

Published in the United States of America
Printed in the United States of America by Whitehall Printing Company

20 19 18       2 3 4 5 6 7

# Índice

# ¿Quién fue
# Harry Houdini?

Casi todo el mundo sabe que Harry Houdini fue un mago famoso, pero, ¿sabías que también fue estrella de cine, piloto, acróbata y escritor?

En realidad, a Houdini no le gustaba que lo llamaran "mago". Prefería llamarse "artista del escape". Decía que podía liberarse de cualquier cosa: esposas, celdas, camisas de fuerza, cadenas, cajas cerradas con candados, jaulas de hierro, ¡lo que fuera! La gente lo desafiaba a escapar de todo tipo de cosas y en todo tipo de lugares extraños. ¡Y él siempre lo lograba!

¿Por qué todavía hoy resulta Houdini tan fascinante? Para empezar, nadie ha vuelto a hacer muchas

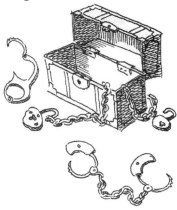

de las cosas que él era capaz de hacer. Muchos de sus trucos siguen siendo un misterio. Además, Houdini contaba tantas historias fantásticas sobre su vida que a veces es difícil saber qué era cierto y qué no lo era. Tampoco sabemos *por qué* hacía todas las cosas descabelladas y peligrosas que hacía. ¿Acaso era para impresionar a la gente? ¿Era porque pensaba que podría hacerse rico? ¿O era porque quería ser el mejor del mundo en algo, y quería ser conocido mundialmente? Harry Houdini era sin duda un talentoso artista del escape. Pero, sobre todo, era una persona decidida. Siempre conseguía lo que quería. Y quería que le prestaran atención, ¡mucha atención!

Houdini se volvió mundialmente famoso en tiempos en que todavía no existían la televisión ni el cine. *Todos* sabían quién era él. ¡Él mismo se aseguró de que así fuera! ¿Puedes imaginarte cómo podría alguien volverse famoso hoy en día sin la ayuda de la televisión, las computadoras y el cine?

Pero para Houdini era muy importante ser famoso, y su sueño se hizo realidad. Todavía hoy, más de 75 años después de su muerte, Houdini es el mago más famoso que jamás haya existido.

# Capítulo 1
## Entonces, quieres ser estadounidense

Corría el año 1886. Un niño de 12 años estaba parado en la plataforma de una estación de tren. Era pequeño pero musculoso, y se veía fuerte. Tenía el cabello oscuro, unos brillantes ojos de color azul grisáceo, y el ceño fruncido.

No estaba en el lugar donde quería estar.

Había tomado un tren en Milwaukee, Wisconsin, varios cientos de millas al norte de donde estaba ahora. Su plan era ir a Texas (hacia donde él pensaba que el tren se dirigía). En el camino le había enviado una postal a su madre.

QUERIDA MAMÁ:
VOY RUMBO A
GALVESTON, TEXAS,
Y REGRESARÉ A CASA
MÁS O MENOS EN
UN AÑO.
SALUDOS PARA TODOS.
TU HIJO TUNANTE,
EHRICH

SRA. CECILIA WEISS
APPLETON,
WISCONSIN

1886

Sin embargo, no estaba en Texas. El cartel que había en la plataforma decía claramente "Kansas City, Missouri". De alguna manera, se había subido al tren equivocado. Y ahora estaba a cientos de millas y varios estados de distancia de Texas.

¿Qué podía hacer?

Tendría que contentarse con Kansas. Después de todo, se había escapado de su casa con el objetivo de ganar más dinero para ayudar a su familia. Planeaba hacer mandados, lustrar zapatos y hacer cualquier otro trabajo que encontrara. Seguramente podría irle tan bien en Missouri como pensaba que le iría en Texas. De manera que se dirigió al pueblo a buscar un lugar donde dormir.

Durante los años siguientes, este niño viajaría mucho más allá de Kansas City, Missouri. Las monedas que planeaba llevar a su casa se convertirían algún día en cientos y miles de dólares. Sin embargo, en ese momento, el joven lustrabotas no podía imaginar que un día se convertiría en un mago de fama mundial. ¡Tenía dificultades tan sólo para ganar lo suficiente para comer!

La infancia de Harry Houdini está llena de historias que podrían o no ser ciertas. Nació el 24 de marzo de 1874 en Budapest, Hungría. Su verdadero nombre era Ehrich Weiss. Sin embargo, toda su vida Harry dijo que su cumpleaños era el 6 de abril, porque eso le había dicho su madre. A veces decía que había nacido en Estados Unidos (¡dependiendo de quién era el periodista que lo estuviera entrevistando!).

Europa del Este en el siglo XIX

En aquel entonces, muchos europeos creían que Estados Unidos era un lugar mágico donde todos sus problemas se resolverían. Miles de personas viajaron de Europa a Estados Unidos con la esperanza de comenzar

una nueva vida, y hacer mucho dinero además. El padre de Harry fue una de estas personas.

Se llamaba Mayer Samuel Weiss, y era rabino, es decir, un maestro de la religión judía. Era difícil ser judío en Hungría, donde las leyes y las demás personas trataban a los judíos como ciudadanos de segunda categoría, y era difícil encontrar trabajo. La familia Weiss era muy pobre. Samuel pensaba que quizás le iría mejor en Estados Unidos. Después de todo, ésta era la que llamaban "la tierra de las oportunidades". Así que en 1876, cuando Ehrich tenía dos años de edad, Samuel dejó a su esposa e hijos y partió rumbo a Estados Unidos, al otro lado del océano, a pesar de que no hablaba ni una sola palabra de inglés. Le tomó dos años reunir los ahorros suficientes para poder traer a su familia.

¿Te imaginas lo que pudo haber sido ese viaje? Primero, la madre de Harry, Cecilia, tuvo que viajar

con sus cuatro hijos desde Hungría hasta una ciudad portuaria. Allí, abordaron un barco junto con, por lo menos, dos mil personas más que también querían ir a Estados Unidos. El viaje a través del Océano

Atlántico en esos enormes barcos podía durar entre dos semanas y dos meses. Los pasajeros tenían que soportar que el barco estuviera atiborrado y la escasez de comida. Houdini detestaba los viajes en barco.

En la actualidad, la Estatua de la Libertad les da la bienvenida a los recién llegados en la bahía de la Ciudad de Nueva York. Sin embargo, cuando Ehrich y su familia llegaron la estatua todavía no se había construido. Estados Unidos era un nuevo mundo grande y extraño, y ahora era el nuevo hogar de Ehrich.

Lamentablemente, la vida no era mucho

más fácil en Estados Unidos. Los Weiss se mudaron de Nueva York a Wisconsin, primero a una pequeña ciudad llamada Appleton, y después a la ciudad de Milwaukee. Con tan sólo ocho años de edad, Ehrich comenzó a trabajar para ayudar a pagar las cuentas. Vendía periódicos, lustraba zapatos y hacía mandados. A los nueve años, además, hizo su primer número artístico en un pequeño circo que montó con sus amigos en un patio. Se llamó a sí mismo "El

príncipe del aire", y hacía pruebas en un trapecio artesanal que colgaba de un árbol. Más tarde, a los reporteros les contó historias inventadas sobre esas épocas. Llegó a decir que de niño había trabajado en un circo de verdad, ¡y que a los nueve años ya realizaba sus famosos escapes!

Lo cierto es que en esa época todavía no estaba interesado en la magia, pero sí le gustaban las acrobacias… y los aplausos.

No se sabe mucho acerca de las aventuras que tuvo Ehrich cuando huyó de su casa, pero sí es seguro que vivió lejos de su familia por un tiempo, a los doce años. Es posible que haya huido de su casa más de una vez, a pesar de que amaba mucho a su familia. Siempre planeaba regresar cuando lograra reunir algo de dinero.

De tanto viajar y vivir por su cuenta, Ehrich se volvió ingenioso y hábil. Por eso, cuando su padre se mudó a la Ciudad de Nueva York, en 1887, esperando tener mejor fortuna, decidió llevarse a Ehrich, que entonces tenía trece años, a pesar de que él no era el mayor de sus hijos. Juntos ganaron suficiente dinero para que el resto de la familia pudiera reunirse con ellos.

Pero Samuel Weiss murió en 1892, dejando a su esposa a cargo de seis hijos. Ehrich estaba seguro de que podría ayudar a su familia. Estados Unidos no había sido la tierra de las oportunidades para su padre, pero Ehrich estaba decidido a que lo fuera para él.

Además, antes de morir, su padre le hizo prometer que siempre cuidaría de su madre. Ehrich se tomaba las promesas muy en serio, y ésta más que ninguna otra. Por el resto de su vida, Cecilia Weiss pudo contar con el apoyo de su "hijo tunante".

Hay una historia de infancia que a Harry Houdini le encantaba contar siendo mayor. Más allá de que fuese cierto o no, suena muy del estilo de lo que haría Ehrich. Un día de diciembre, mientras trabajaba como mensajero, a Ehrich se le ocurrió una idea. Escribió

una nota y la colgó de su sombrero.
La tarjeta decía:

> *Ya viene la Navidad.*
> *Los pavos valen dinero.*
> *Por favor eche una moneda*
> *en el gorro del mensajero.*

Mucha gente sonreía y le daba dinero. Esa noche, cuando llegó a su casa, Ehrich escondió todas las monedas en su pelo y en su ropa. Luego, se acercó a su madre y le dijo: "¡Sacúdeme! ¡Soy mágico!". Su madre lo sacudió, y muchas monedas salieron de su cuerpo y cayeron por todos lados, ¡como por arte de magia!

Más adelante, aproximadamente a los 16 años, Ehrich encontró un libro que se llamaba *Memorias de Robert-Houdin, embajador, escritor y mago, escritas por él mismo.* Era la autobiografía de un mago francés muy famoso del siglo XIX. Estaba lleno de historias fantásticas que atraparon a Ehrich.

# Robert-Houdin

Antes de Jean-Eugène Robert-Houdin (1805-1871), los espectáculos de magia se hacían en los mercados al aire libre y en las esquinas. Robert-Houdin convirtió la magia en un arte al realizar trucos que a nadie se le habían ocurrido antes. Robert-Houdin implementó en sus trucos nuevos desarrollos científicos (¡había comenzado como relojero!). Al igual que Harry Houdini, Robert-Houdin era una persona moderna. Estudió electromagnetismo para poder usar imanes poderosos y así mover objetos por el escenario.

Robert-Houdin era además muy ingenioso para promocionarse. Su autobiografía (publicada en 1857) estaba llena de exageraciones e historias disparatadas. Sin embargo, sus habilidades y su estilo fueron tan exitosos que incluso hoy en día se le sigue considerando "el padre de la magia moderna".

Si Robert-Houdin pudo hacerse tan famoso gracias a la magia, ¡entonces Ehrich Weiss también podría lograrlo! Pero necesitaría un buen nombre artístico. Su familia lo llamaba "Ehrie" (el diminutivo de Ehrich). Sonaba muy parecido a "Harry". Por otro lado, "Houdin" era un nombre que ya hacía que la gente pensara en magia. Entonces, Harry añadió una "i" al final, y… así nació Harry Houdini.

# Capítulo 2
## Entonces, quieres ser mago

El éxito no le llegó a Harry "como por arte de magia". Después de todo, ¿qué hace uno para convertirse en mago? No es como hacerse médico o abogado. No hay escuelas para magos. A Harry le tomó años de esfuerzo.

Primero, por supuesto, un mago tiene que aprender muchos trucos. Harry siempre andaba buscando nuevos trucos e ilusiones, incluso después de haberse vuelto famoso. Observaba a otros magos, leía libros sobre el tema y tomaba notas en cuadernos de apuntes. Siempre mantenía un cuaderno junto a

su cama, en caso de que se le ocurriera alguna idea durante la noche.

Ser mago también requiere práctica, mucha práctica. Harry practicaba sus trucos una y otra vez. Hacía unos ejercicios especiales para que sus manos y sus pies se mantuvieran flexibles y rápidos. Llevaba siempre una moneda consigo y la movía entre sus dedos siempre que no estuviese actuando. Intenta esto… ¡Es más difícil de lo que parece!

La moneda escamoteada

Pero además de aprender y practicar, Harry también tenía que venderse a sí mismo. Hasta el mejor mago necesita un público. Harry tenía que encontrar maneras de convocar personas para que vieran su espectáculo de magia. Tenía que atraer la atención de la gente.

Uno de los primeros espectáculos de magia de Houdini se llamaba "Los hermanos Houdini". Lo hacía con Theo, su hermano menor. Hacían trucos con cartas y de leer la mente, así como números de desaparición e ilusiones.

Una ilusión es algo que parece haber sucedido, pero que, según la lógica, no es posible. Por ejemplo, ¿has visto alguna vez a un mago sacar una moneda de la oreja de una persona? Eso es una ilusión. También lo es el truco de romper una hoja de papel en pedazos y luego, de pronto, mostrar la hoja intacta otra vez. Según la lógica, no es posible juntar de nuevo los pedazos de papel para tener de nuevo la hoja entera, así como no es posible que se pueda sacar una moneda de

una oreja. Pero estos trucos se hacen tan rápidamente que parecen reales para quien está observando.

Harry y Theo hacían muchos de estos trucos. Hacían su espectáculo donde pudieran encontrar un lugar para montarlo. Y siempre apartaban dinero para enviarle a su madre. Uno de los lugares más emocionantes donde actuaron fue en un puesto de la Feria Mundial de Chicago de 1893. Harry tenía sólo 19 años, y Theo 17.

Theo y Harry se llevaban bien. Theo tenía muchas cosas en común con Harry. A él también le encantaba la magia. (Más tarde, él también hizo su propia carrera como mago.) Pero tenían problemas. Una noche, por ejemplo, Theo arruinó el mejor truco. Harry no toleraba los errores. Insistía en que todo tenía que ser perfecto frente al público. Theo no podía mantenerse al nivel de su hermano. Harry necesitaba un sustituto, y éste no tardó en llegar.

LOS HERMANOS HOUDINI

En el verano de 1894, los Hermanos Houdini actuaron en un pueblo donde también se estaba presentando un espectáculo de canto y baile que se llamaba Las hermanas Florales. Una de las hermanas era una muchacha muy baja, de cabello castaño, llamada Beatrice Raymond. Al igual que Harry, se había cambiado el nombre para sus actuaciones. Su verdadero nombre era Wilhelmina Rahner, pero todos la llamaban Bess. Tenía 18 años de edad. Harry tenía 20.

Lo de Bess y Harry fue amor a primera vista. Hay quienes dicen que se casaron a las dos semanas de conocerse. Cuenta una de las historias que Bess tuvo que escaparse de su casa para verse con Harry porque tenía miedo de que su madre se enojara. Esa misma noche, Bess le dijo a Harry que tenía miedo de regresar a la casa. Así que de inmediato Harry le propuso matrimonio, ¡y se casaron esa misma noche! Aunque no haya sido como lo cuentan, lo que sí es cierto es que se enamoraron y se casaron muy pronto. También es cierto que a la madre de Bess no le gustaba esa relación. Su familia era católica, y Harry era judío, el hijo de un rabino. Eso, sin embargo, no le importaba a la madre de Harry. Para ella, igual que para Harry, Bess era maravillosa.

Bess no sólo resultó ser una esposa perfecta; también era la compañera de escenario ideal. Como ya

estaba acostumbrada a actuar, cantaba y bailaba en los intermedios, y siempre anunciaba a Harry con gran estilo. Además, aprendió los trucos rápidamente para poder ayudarlo con todo.

Bess era diminuta: ¡sólo medía 5 pies de estatura! A su lado, hasta Harry, que sólo medía 5'5" ó 5'6", se veía grande. Bess tenía el tamaño ideal para entrar y salir de lugares estrechos, lo cual resultaba bastante útil para los trucos de escape.

Incluso más adelante, cuando Harry ya actuaba solo, Bess viajaba con él a todas partes. Ella manejaba su agenda, mantenía un registro de las presentaciones y se aseguraba de que se cambiara la camisa todos los días. Harry decía que ella era la razón por la cual se había vuelto famoso: "Ella me trajo suerte y ésta ha permanecido conmigo desde entonces. Nunca la tuve antes de casarme con ella". Harry y Bess estuvieron juntos hasta que él murió.

Durante la década de 1890, Harry, con la ayuda de Bess, actuó en enormes salones llamados "museos de los 10 centavos". Por 10 centavos, la gente podía entrar a ver espectáculos extraños y grotescos, como tragasables, monos actores, malabaristas, etc. En estos museos, Houdini hacía su truco de la Metamorfosis.

Houdini, un joven bajo y de apariencia seria, vestido con un gastado esmoquin, saludaba al público parado sobre una caja. A su lado estaba Bess, vestida con un leotardo y una blusa blanca acampanada.

Primero, Harry elegía a algunas personas del público, un "comité" que examinaría el "aparato". El "aparato" era un armario alto que tenía dentro un baúl. El baúl era lo suficientemente grande como para dar cabida a una persona. El comité tenía que inspeccionar el baúl. Le daban golpes por todos los lados, y miraban por dentro. Finalmente, anunciaban que todo parecía estar normal, que no había puertas escondidas ni nada parecido.

Entonces, Harry le daba al comité una bolsa negra grande y cinta adhesiva fuerte. De acuerdo con sus instrucciones, le ataban las manos, lo ayudaban a meterse en la bolsa y cerraban la misma con la cinta, apretándola con todas sus fuerzas. Luego, ponían la bolsa, con Harry en la misma, dentro del baúl. Al baúl le ponían un candado, lo ataban con gruesas cuerdas y lo ponían dentro del armario.

Una vez que todo estuviera listo, Bess cerraba las cortinas que había en el frente del armario.

"Ahora, damas y caballeros", decía ella, haciendo pausas en forma teatral, "voy a aplaudir tres veces, y una vez que haya dado mi última palmada, les voy a pedir que observen… cuidadosamente…" Al aplaudir, Bess se metía detrás de la cortina. En menos de tres segundos, se abría la cortina y… adivinen quién estaba ahí, de pie, frente al público. ¡Harry Houdini! ¿Y qué había pasado con Bess?

Harry se volvía hacia el baúl, que seguía cerrado y amarrado. Con la ayuda del comité, lo desataba y lo abría, y todos veían la bolsa. Cuando abrían la bolsa, de adentro salía Bess, ¡atada de la misma manera que habían atado a Harry!

# El truco de la Metamorfosis

El comité inspecciona el aparato.

Meten a Harry en una bolsa y luego en el baúl, después de atarle las manos y cerrar la bolsa.

Amarran el baúl con una cuerda gruesa y lo aseguran con cadenas y candados. Luego lo ponen dentro del armario.

Bess cierra la cortina del frente del armario, se dirige al público, aplaude tres veces y se mete detrás de la cortina.

Cuando se abre la cortina, Harry aparece de pie junto al baúl.

Luego, Harry abre el baúl y la bolsa, y ahí aparece Bess.

### Cómo se hace

Harry se desata las manos, corta la bolsa en la parte de abajo con un cuchillo que llevaba escondido y sale arrastrándose a través de un panel corredizo que había en la parte de atrás del baúl. Bess entra al baúl arrastrándose a través del panel y se mete en la bolsa para reemplazar a Harry.

Éste era el mismo truco en el que Theo había fallado antes. Sin embargo, Bess era más pequeña, y era tan rápida que podía hacerlo en un abrir y cerrar de ojos, tal como Harry quería que fuera. El cambio, o "metamorfosis", ocurría tan rápidamente, ¡que de verdad parecía magia!

# Capítulo 3
## Entonces, quieres ser famoso

La Metamorfosis era una ilusión asombrosa, pero no era suficiente para volver a "Los Houdini" tan famosos como Harry deseaba. Había que añadir algo nuevo y espectacular.

Harry ensayó varias cosas. Con la ayuda de Bess, hizo actos de lectura de la mente, acrobacias de circo y hasta números en los que fingían hablar con los muertos. ¿Cómo hacía para "hablar con los muertos"? Con investigación e ingenio. Cuando llegaban por primera vez a un pueblo, Harry leía los periódicos locales. Iba a los cementerios para ver quién había muerto recientemente. Escuchaba las historias que contaban los amigos de los difuntos. Luego, en el escenario, usaba toda esa información para hacerle creer a la gente que en realidad estaba hablando con fantasmas. El público le creía. Sin embargo, Houdini "habló con los muertos" apenas unas pocas veces. No le gustaba engañar a la gente de esta manera. Para él, esto no era como un número de magia, en el cual el público siempre sabía que se estaba haciendo algún tipo de truco.

Por suerte, Harry finalmente encontró algo original que lo haría famoso: los escapes. Antes de Houdini, otros magos habían usado esposas en sus actos de magia, pero él fue el primero que las convirtió en la principal atracción de su espectáculo. Además, fue la primera persona que intentó liberarse de una camisa de fuerza frente al público.

Las camisas de fuerza son prendas complicadas, llenas de correas y hebillas. Se usan para evitar que una persona violenta se haga daño a sí misma o le

Por delante

Por detrás

Expandir el pecho y los hombros mientras le están atando la camisa.

Relajar el pecho y los hombros y liberar los brazos pasándolos por encima de la cabeza.

Con las manos ahora libres, se pueden manipular las hebillas de la espalda hasta soltarlas.

haga daño a otros. Alguien que tenga una camisa de fuerza no puede usar las manos ni los brazos absolutamente para nada. A Harry se le ocurrió que podría tratar de liberarse de una camisa de fuerza. Después de mucha práctica y esfuerzo, lo logró. ¡Y resultaba impresionante verlo en el escenario! Decidió no ocultarse detrás de una cortina para este acto, pues en realidad no había ningún truco. Era algo que requería mucha habilidad, esfuerzo y práctica. Incluso después de verlo, el público no podía explicarse cómo lo había hecho. ¡Y nadie más podía lograrlo!

A Harry además se le ocurrió algo fabuloso para promocionar su acto. Cuando él y Bess llegaban a un pueblo por primera vez, iban directo a la estación de policía local.

Houdini se anunciaba diciendo: "Soy Harry Houdini, Rey de las Esposas. Enciérrenme, amárrenme, pónganme cualquier tipo de esposas, todas las que tengan. Les garantizo que me escaparé enseguida".

Los oficiales de policía se burlaban de él. ¿Quién se creía que era esta persona bajita y fanfarrona? Nunca habían oído hablar del tal "Harry Houdini". Todo el mundo pensaba que los magos usaban esposas de mentira. Nadie podía liberarse de unas de verdad. Estaban tan seguros de esto, que dejaban que Harry llamara a reporteros del periódico local para que presenciaran el hecho. Los policías lo revisaban para ver si traía herramientas. (A veces, incluso le

insistían que hiciera su truco desnudo, para asegurarse de que no tuviera alguna llave escondida en la ropa.) Entonces, lo amarraban, le ponían un par de esposas en las manos y en los pies y lo dejaban solo en un cuarto, o lo encerraban bajo llave en una celda.

"En un rato volvemos y lo liberamos", le decían, burlándose. Y se sentaban en el cuarto de al lado a hablar de ese loco presumido. Imagina la sorpresa que se llevaban unos minutos más tarde, cuando Harry entraba en la habitación con las esposas en la mano. A veces, lograba liberarse en menos de un minuto.

Los policías y los reporteros quedaban asombrados. No entendían cómo lo había hecho. Harry hacía estos actos gratis, pero a él no le importaba, pues el objetivo era que los periódicos publicaran artículos sobre el suceso. De esa manera, la gente se interesaba en ir a ver su espectáculo. Querían ver al mago que había logrado engañar a sus propios policías.

El único problema era que esto sólo funcionaba para darse a conocer en un pueblo a la vez. Podía hacerlo en una ciudad pequeña de Missouri, y convertirse en la gran atracción por una noche. Pero una vez que llegaba a otro lugar, allí era nuevamente un Don Nadie y debía comenzar de nuevo. Recuerda que en aquel tiempo no había televisión ni Internet. Era difícil propagar una noticia por todo el país, especialmente si se trataba de un pequeño acto de magia.

En 1899, Harry y Bess cumplieron cinco años de estar viajando juntos. Harry se encontraba muy desanimado. Comenzó a poner sus trucos a la venta. Incluso llegó a pensar en abandonar por completo el negocio de la magia. Entonces, justo a tiempo, alguien "descubrió". a Harry.

Un hombre que vio a los Houdini una noche, le dijo a Harry: "Su espectáculo es realmente excepcional. Le propongo algo: olvídese de los trucos con cartas y de las ilusiones con papeles rotos. Mónteme un número de 20 minutos sólo de escapes, incluyendo 'Metamorfosis', y lo volveré famoso".

Pero, ¿quién era este hombre? Era Martin Beck, gerente del famoso Circuito de Orpheum, una cadena nacional de teatros de los llamados "teatros de variedades".

Los teatros de variedades eran de mucha más categoría que los museos de los 10 centavos. Cada noche se presentaba un espectáculo que incluía varios números diferentes: cantantes, bailarines, acróbatas y comediantes, entre otros. Martin se dio cuenta de que el número de Harry era perfecto para los teatros de variedades. Era algo nuevo, diferente y

emocionante. Estaba seguro de que Harry sería todo un éxito. Claro que Harry siempre había pensado lo mismo.

Ambos tenían razón. De la noche a la mañana, Harry se convirtió en una sensación. Por fin tenía tiempo para concentrarse en aquello en lo que era el mejor: los escapes. A fines de 1899, estaba ganando más de $100 por semana, lo cual era mucho dinero en aquella época. Lo mejor de todo era que estaba recibiendo la atención con la que siempre había soñado.

Ahora, no sólo estaba Harry listo para conquistar el mundo, sino que el mundo estaba listo para disfrutarlo.

# Capítulo 4
## Entonces, quieres ser una estrella

Al cabo de 14 meses, Harry comenzó a sentir que los escenarios de los teatros del Circuito de Orpheum le quedaban pequeños. Ya no le bastaba con tener éxito en Estados Unidos. Para llegar a ser una verdadera estrella, Harry Houdini tenía que ser capaz de conquistar Europa.

En mayo de 1900, 22 años después de haber llegado a Estados Unidos, Harry cruzó de nuevo el Atlántico, pero en la dirección opuesta, junto con Bess y su perro, Charlie. El viaje todavía era largo (los barcos más rápidos se demoraban dos semanas). Harry pasó todo el tiempo mareado. Pero eso no le impidió hacer trucos de cartas para los otros pasajeros.

Harry inició su gira por Europa en Inglaterra. Como era obvio, nadie había oído hablar de Harry Houdini. Tenía que comenzar de nuevo a venderse. Pero esta vez no le tomó mucho tiempo. El "Rey de

las esposas" desconcertó al cuerpo de policía más importante de Londres, Scotland Yard, al se capaz de escapar de sus esposas. La noticia de esta proeza llevó a Houdini al teatro más importante de Londres, el Alhambra.

El Alhambra era el escenario más impresionante en el que Houdini había actuado hasta ese momento. Parecía más una sala de ópera que un teatro de variedades. El público era más elegante y reservado. En Estados Unidos, Harry había recibido algunas críticas negativas porque cometía errores gramaticales y a veces iba mal vestido. En Londres, actuaba todas las noches en un esmoquin muy formal, con corbata de moño blanca. Mejoró su manera de hablar para sonar más solemne, sin perder la teatralidad. Y continuó practicando y pensando en nuevos trucos para añadir a su espectáculo.

Todo funcionó bien. El público quedó encantado con Houdini. Harry se presentó en el Alhambra durante todo julio y agosto, y después regresó también en Navidad. El plan original era hacer algunas presentaciones en Europa y luego regresar a Estados Unidos. Sin embargo, lo que sucedió fue que Harry y Bess terminaron quedándose cinco años en Europa.

Los Houdini recorrieron muchos países europeos. En todas partes, Harry trababa de aprender un poco del idioma local para poder hablarlo en su presentación. Donde le resultó más fácil fue en Alemania, ya que había crecido hablando alemán con sus padres. Harry tuvo allí un éxito enorme, y el público lo adoraba. Sin embargo, había cierto peligro. A veces, la policía arrestaba a artistas por "engañar al público". Los espectáculos tenían que ser aprobados por la policía.

Houdini tuvo que hacer una "audición" frente a 300 policías. Ellos pusieron todas las esposas y candados para el acto, y lo revisaron con anticipación en busca de llaves. Para proteger los secretos de sus trucos, le permitieron cubrirse con una manta. Como es obvio, Harry logró escapar muy fácilmente, ¡en tan sólo seis minutos! Como la policía no logró entender cómo lo había logrado, le dieron permiso para presentar su espectáculo en público.

Harry tuvo que enfrentar su prueba más difícil en un pueblo llamado Blackburn, en Inglaterra. En aquel tiempo, Harry estaba ofreciendo 25 libras británicas —mucho dinero— a quien tuviera unas esposas de las que Harry no pudiera liberarse. El 24 de octubre de 1902, en la mitad de su espectáculo, un hombre se subió de repente al escenario. Se llamaba William Hodgson, y quería aceptar el reto de Harry. Inmediatamente, Harry sospechó de las esposas de Hodgson. Parecía como si las hubieran dañado, o incluso roto, 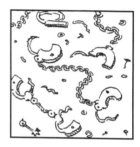 de manera que fuera difícil abrirlas. Pero Hodgson se burló de él, diciendo que seguramente tenía miedo de enfrentar un verdadero desafío. Harry Houdini no podía permitir que se dijera algo así de él.

Hodgson era experto en acondicionamiento físico. Había estudiado el cuerpo humano en detalle y sabía cómo funcionaban todos los músculos. Sabía perfectamente cómo amarrar a un hombre de manera

que no pudiera ni moverse. Y eso fue lo que hizo con Houdini, usando cadenas y seis pares de esposas. El público temía que la circulación de Harry se cortara por completo, o que Hodgson le rompiera algún hueso, pues le retorció los brazos violentamente. Lo más difícil para Harry era que su capacidad para escapar dependía de su fuerza y su flexibilidad, dos cosas que no iba a poder usar si no podía mover ni un músculo.

El público esperó durante una aterradora hora y media mientras Houdini luchaba detrás de la cortina. En algún momento, Houdini pidió que le soltaran las manos por tan sólo un minuto, porque se le habían entumecido y no las sentía. Hodgson no accedió, y dijo: "Si estás derrotado, ríndete". ¿Harry Houdini, derrotado? ¡Imposible! Entonces, volvió a meterse detrás de la cortina.

Apenas después de la mediano-
che, se abrió de repente la cortina.
Harry salió triunfante, arrojando la
última esposa en medio del escenario.
Un reportero luego dijo que se veía
"como si un tigre lo hubiera arañado".

Estaba sangrando y estaba morado por todas partes,
pero estaba libre. La multitud enloqueció.

Otro incidente llegó a los titulares de Inglaterra.
Un periódico llamado *London Daily Illustrated
Mirror* retó a Houdini a escapar de un único par de
esposas, "las más difíciles que se hayan inventado".
¿Cómo iba Houdini a negarse?

Las "esposas del Mirror", como solían llamarlas,
fueron fabricadas por un hombre de Birmingham,
Inglaterra, que decía que le había tomado cinco años
hacerlas. Houdini sabía, tras haber dedicado años a
estudiar el trabajo de los cerrajeros, que la mayoría
de las cerraduras funcionan con mecanismos sim-
ples. Se pueden abrir con unas pocas llaves básicas

o incluso con un golpecito seco dado en el lugar correcto. Pero estas esposas eran miles de veces más complicadas. Sólo se podían abrir con una llave en todo el mundo, y la misma pertenecía al hombre que las había fabricado.

Los periódicos publicaron artículos sobre las esposas del *Mirror* y sobre el reto durante varios días antes del espectáculo. A Harry esto le encantaba: cuanta más atención recibiera, mejor. Al fin, llegó la gran noche. El público aplaudió a Harry de pie. Como siempre, se eligió un comité de entre el público para que se asegurara de que no había juego sucio. Un reportero del Mirror puso las esposas en las muñecas de Harry y el cerrajero le dio seis vueltas a la llave.

Harry anunció: "Ahora estoy atrapado en un par de esposas cuya fabricación le tomó cinco años a un mecánico británico. No sé si podré liberarme de ellas o no, pero sí les puedo asegurar que voy a hacer lo más que pueda".

Harry desapareció detrás de unas cortinas que había en el escenario. Por un buen rato, el público no vio más que el movimiento momentáneo de las cortinas.

Ésta era otra de las cosas interesantes de los espectáculos de Harry. Casi todo sucedía detrás de una cortina, mientras el público esperaba a que algo sucediera. ¿Te imaginas ir hoy en día a un espectáculo en el cual lo que haces gran parte del tiempo es mirar una cortina? En aquel entonces, el público era mucho más paciente. Y Harry era tan deslumbrante y ejercía tanto magnetismo en el escenario que tan sólo por el hecho de verlo unos minutos valía la pena el resto del espectáculo. Además, siempre se preguntaban lo mismo: ¿Podrá escapar, o fracasará esta vez?

Luego de estar algunos minutos con las esposas del *Mirror*, Harry salió de detrás de la cortina. Lucía extenuado. ¿Se había liberado? ¡No! Quería un cojín sobre el cual apoyar las rodillas. Luego, regreso detrás de la cortina.

Al poco tiempo volvió a salir. Pero, ¡un momento! ¡Todavía estaba esposado! Esta vez pidió que le quitaran por un instante las esposas para poder quitarse el saco. El representante del *Mirror* dijo que no. Harry podría encontrar la manera de liberarse de las esposas al ver cómo las abrían. Las esposas seguirían en su lugar hasta que Harry aceptara la derrota.

¿Aceptar la derrota? ¿Harry Houdini? ¡Jamás! En la mitad del escenario, usando los dientes y retorciendo los brazos, Harry logró sacar una pequeña navaja del bolsillo del saco. De manera teatral, pasó el saco por sobre su cabeza y, con la

navaja y los dientes, cortó el saco hasta que cayó al suelo hecho pedazos. Entonces, sacudió la cabeza con orgullo, se dio vuelta y volvió a desaparecer detrás de la cortina.

Tan sólo diez minutos más tarde, salió de un salto, sosteniendo las esposas del *Mirror* en alto. ¡Lo había logrado! ¡El rey de las esposas había triunfado! El público enloqueció, y los periódicos hablaron de lo sucedido durante días. Se necesitaron cinco años para hacer las esposas, pero a Houdini le había tomado sólo una hora liberarse de ellas.

Harry tuvo muchas otras aventuras en Europa. En París, fue a visitar la tumba de su héroe, Jean Eugène Robert-Houdin. De hecho, visitó las tumbas de muchos magos famosos y les dejó grandes coronas de flores. También visitó varios magos famosos ya retirados. Algunos de ellos, impresionados por su éxito y su encanto, incluso compartieron con él sus secretos.

Quizás el país que recibió a Houdini de manera menos cálida fue Rusia. Como era judío, no se le permitía entrar con su propio pasaporte. Los Houdini tuvieron que usar los documentos de Bess, que era católica. Para Harry, este país era frío y terrorífico.

"Si existió algún país que fuera dominado por su policía, bueno, ése fue Rusia", escribió Houdini. Allí, Houdini también se dio cuenta, más que en ningún otro lugar, de la cantidad de gente que odiaba a los judíos. Este tipo de prejuicio, llamado antisemitismo, era parte de las razones por las cuales su familia había abandonado Europa años atrás.

Sin embargo, por lo general, Houdini adoraba Europa. En varias ciudades se agotaban las localidades para sus presentaciones todas las noches, incluso después de varios meses allí. En Estados Unidos hubiera tenido que desplazarse a un lugar nuevo casi cada semana. Además, en Europa estaba haciendo muchísimo dinero. Sin embargo, Harry extrañaba mucho a su madre. Le enviaba dinero todo el tiempo, y la visitó dos veces entre 1900 y 1905, pero deseaba estar cerca de ella. Y tampoco quería que Estados Unidos se olvidara de él. De manera que, en 1905, regresó al país convertido en una gran estrella internacional.

# Capítulo 5
## Entonces, quieres ser asombroso

A partir de entonces, nada podía detener a Harry Houdini. Recorrió todo Estados Unidos y todo el mundo. Por todas partes iba retando a la gente a que lo atraparan con cualquier cosa de la que él no pudiera liberarse. Y logró escapar de cosas bastante extrañas, ¡incluyendo una pelota gigante de fútbol americano! Además, añadió un nuevo elemento a su espectáculo: agua.

En 1908 presentó por primera vez un truco completamente nuevo, uno que, según él, era "lo mejor que he inventado jamás". El público permanecía estremecido. Harry había comenzado la noche con algunos de sus trucos acostumbrados (ilusiones, la Metamorfosis, escapes de esposas). De repente, atravesó el escenario en dirección al público, se paró sobre las luces que adornaban el borde del escenario, se inclinó hacia delante como si fuera a saltar sobre la primera fila, y extendió sus brazos todo lo que pudo.

"¡DAMAS Y CABALLEROS!", resonó su voz en la sala hasta llegar a la última fila. No era el muchacho mal vestido y callado de aquellos días de los museos de los 10 centavos. Su personalidad electrizaba al público. "Ahora, por primera vez, voy a presentar hoy mi último y más grande escape, ¡el número más asombroso que jamás se haya visto en un escenario estadounidense!".

Con un gesto teatral, Harry mostró un recipiente gigante de leche, lo suficientemente grande como para que una persona pequeña cupiera en él. Harry le

dio golpes por todos lados para que vieran lo sólido que era. Luego salió del escenario y se puso un traje de baño mientras sus ayudantes llenaban el recipiente de agua hasta el borde.

Finalmente, Harry se metió dentro del recipiente. "Cuando esté sumergido en el agua", le dijo al público, "midan el tiempo por el que ustedes mismos también pueden aguantar la respiración". Luego añadió, señalando a uno de sus ayudantes, que sostenía un hacha grande: "En caso de que algo salga muy mal, no teman. Mi fiel ayudante partirá el recipiente de un hachazo para liberarme… ¡Sólo esperemos que no sea demasiado tarde!".

Sonriendo, Houdini se dejó esposar y se sumergió completamente dentro del recipiente. Sus ayudantes aseguraron la tapa de acero con unos enormes candados. Más adelante, en nuevas versiones de este escape, Houdini le pedía al público que aportara sus propios candados para mayor garantía de que la tapa estaba bien cerrada.

Una cortina cayó delante del recipiente. El público contuvo la respiración. Pasaron los segundos... se completó un minuto. En este punto, la mayoría de los espectadores ya habían dejado de aguantar la respiración. Es muy peligroso dejar de respirar por tanto tiempo. Y todavía no había señales de Houdini. Pasó otro minuto, y otro más. El público estaba angustiado. ¿Y si Houdini se hubiese ahogado? ¿Cómo podrían saberlo? "¡Sáquenlo!", comenzaron a gritar. "¡Rompan el recipiente. Se está ahogando!".

Entonces, de pronto, Harry salió de detrás de la cortina e hizo una reverencia. Estaba empapado y respiraba con dificultad,

pero estaba vivo y libre. Y el recipiente estaba a su lado, todavía cerrado, con los candados intactos.

Era un truco sensacional. El público lo pedía una y otra vez. Y a Harry además le encantaba jugar con la mente de las personas, para hacer que sus escapes se vieran aun más dramáticos. A veces, salía del recipiente en unos pocos minutos, pero se quedaba detrás de la cortina hasta por media hora, para que la tensión creciera más y más. Cuando ya todos, aterrorizados, estaban convencidos de que el truco no había funcionado, y de que Houdini estaba muerto, él hacía su aparición teatral generando una explosión de aplausos.

Harry siempre había sido un buen nadador y se sentía cómodo en el agua. Además, practicaba mucho para este peligroso truco. Llenaba la bañera de agua y le pedía a Bess que midiera el tiempo que podía permanecer sumergido. O ponía agua helada y veía por cuánto tiempo podía resistirla. Esto le resultaba útil para otro truco nuevo y más peligroso: sus escapes en ríos.

Para este número, Harry solía comenzar sobre un puente, rodeado de miles de espectadores (¡y reporteros, por supuesto!). Se quitaba la ropa, quedando en traje de baño, o en calzoncillos largos, y hacía que policías le pusieran dos o más pares de esposas. Después, trepaba a la baranda del puente, saludaba a gritos al público y saltaba al agua helada. El público, casi colgando de las barandas del puente, examinaba las aguas. A veces, Houdini volvía a la superficie de inmediato, sosteniendo en alto las esposas con orgullo. Otras veces, se quedaba bajo el agua por más tiempo, alargando la espera. Un par de veces, nadó por debajo del agua hacia un lugar donde podía salir y esconderse por un rato.

Harry siempre decía que éstos eran sus escapes más peligrosos. Le advertía a la gente que no intentara hacerlos. De todos modos, muchos lo hicieron, y algunos murieron. El peligro no era sólo la baja temperatura del agua, sino que a veces la corriente lo arrastraba, alejándolo del bote donde sus compañeros estaban listos para ayudarlo a salir. Una vez quedó atrapado debajo del hielo, luego de que la corriente lo arrastrara lejos del agujero por el que se había sumergido.

Houdini continuó añadiendo variaciones cada vez más peligrosas a sus escapes en el agua. A veces, ataba a las esposas objetos grandes y pesados que lo hacían hundirse más rápidamente hasta el fondo.

Otras veces, hacía que lo amarraran y lo lanzaran al agua metido dentro de una caja de madera sellada con clavos.

Houdini saltó de puentes sobre ríos en ciudades de todo el país, desde Rochester, en Nueva York, hasta Boston, en Massachusetts, y Nueva Orleáns, en Luisiana. No había manera de cobrar la asistencia a estos espectáculos, pero eso a él no le importaba. Como sucedía antes con los retos que le ponía a la policía, se entusiasmaba por la fama y la atención que recibía de esta forma. Ya no tenía problemas para promocionarse. Decenas de miles de personas se congregaban para ver sus saltos.

¡No había nada que le gustara más a Houdini que una gran multitud!

# Capítulo 6
## Entonces, quieres ser piloto

A Harry le encantaba ser famoso. Le gustaba ser el mejor. Y también le gustaba ser el *primero*.

Los aviones comenzaron a usarse en el tiempo en que vivió Harry. Él tenía casi 30 años cuando los Hermanos Wright hicieron historia en 1903 al volar el primer avión en Kitty Hawk, Carolina del Norte. En aquel entonces, los aviones eran aparatos peligrosos e impredecibles. Tenían muy pocas de las características de seguridad que tienen hoy en día. Harry odiaba los barcos, y ni siquiera podía conducir automóviles.

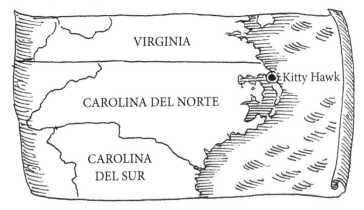

# LOS HERMANOS WRIGHT

Wilbur (1867-1912)    Orville (1871-1948)

Hace casi 500 años, Leonardo Da Vinci intentó diseñar máquinas para ayudar a la gente a volar. Pero nadie logró construir una que funcionara hasta el 17 de diciembre de 1903, cuando dos hermanos de Ohio se remontaron por el cielo en un pequeño avión construido por ellos mismos.

Orville y Wilbur Wright eran dueños de un taller de bicicletas, y en este oficio aprendieron lo importante que era el equilibrio, tanto para andar en bicicleta como para volar en avión. Se dieron cuenta de que se necesitaba mucha investigación para poder diseñar un avión, así que decidieron hacer sus propios estudios y cálculos. Ninguno de los dos había terminado la secundaria, pero aprendieron por su cuenta todo lo que necesitaban saber acerca del vuelo, el viento, la física y cualquier otra cosa que les pudiera ser útil. Incluso, construyeron ellos mismos su propio motor, de manera que tuviera el tamaño y el peso perfecto para su avión.

Finalmente, en aquel frío día de diciembre, el avión despegó en Kitty Hawk, Carolina del Norte. El primer vuelo duró tan sólo 12 segundos, pero se convirtió en un hito histórico que cambió el mundo para siempre.

Sin embargo, la primera vez que Harry vio un avión, supo que tenía que aprender a volar. Y no sólo eso: tenía que pasar a la historia de la aviación.

El primer vuelo de los hermanos Wright duró sólo 12 segundos. Por el año 1909, ni siquiera seis años más tarde, alguien ya había logrado atravesar en avión el Canal de la Mancha, entre Inglaterra y Francia. Ya otros se habían convertido en el primero en volar de noche, el primero en volar con pasajeros, el primero en volar en Francia, en Alemania, en Italia… Incluso para un piloto con experiencia, era difícil encontrar algo nuevo e histórico para hacer. Y Harry era un principiante. Sin embargo, estaba decidido a dejar su huella como piloto de avión. Entonces, se le ocurrió un plan.

En enero de 1910, Harry y Bess abordaron un enorme barco de vapor. El viaje duraría más de un mes. ¿Qué llevó a Harry a hacer este viaje, a pesar de lo mal que se ponía en alta mar? ¿Hacia dónde se dirigían?

Iban hacia Australia.

Australia estaba a miles de millas de cualquier lugar donde Harry había estado antes, y era una tierra nueva, todavía en desarrollo. Prácticamente ningún artista de su talla estaría dispuesto a hacer el largo viaje hasta el continente austral. Pero Australia también era uno de los lugares en donde nadie hasta ahora había volado un avión. Harry podría ser el primero.

Harry llevó consigo un avión llamado un Voisin. Contrató un mecánico y llevó todo lo que necesitaba en el barco de vapor. Durante todo el viaje, por muy

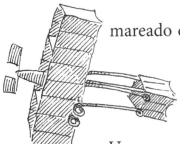 mareado que estuviera, Harry se sentiría tranquilo de saber que su avión estaba seguro debajo en la bodega.

Una vez en Australia, Harry tenía que acomodar su tiempo de vuelo en su apretada agenda de presentaciones. Y siempre había problemas. Los aviones seguían siendo aparatos frágiles, de manera que no podía tratar de volar cuando había mucho viento, niebla o lluvia. Pasó más de un mes antes de que Harry y su avión pudieran despegar.

En la mañana del 18 de marzo de 1910, ante la mirada nerviosa de un grupo de reporteros, Harry condujo lentamente su avión alrededor de un campo. Luego de unos breves saltos en el aire para asegurarse de que todo estuviera en orden, Harry ubicó el avión en el extremo más lejano del campo. Todo su cuerpo estaba tenso y tembloroso, pero él estaba decidido. Entonces, aceleró… avanzó rápido… más rápido… ¡hasta que se remontó por el cielo!

Los registros oficiales indican que éste, el primer vuelo de verdad en Australia, duró aproximadamente tres minutos y medio, y el avión alcanzó una altura

de 100 pies. Eso era suficiente para pasar a la historia, y era suficiente para Harry. Si bien llegó a volar en otras ocasiones en Australia, su interés fue desapareciendo. Una vez que él y Bess partieron de Australia, nunca más volvió a volar. "Ya había tenido mi aventura en el aire", era lo que solía decir para explicarlo.

Unos años después, Harry Houdini conoció al famoso Orville Wright. En el encuentro, Houdini se enteró de que Orville sabía más sobre su experiencia de vuelo que sobre su magia.

# Capítulo 7
## Entonces, quieres ser estrella de cine

Al poco tiempo, Harry encontró algo nuevo que capturó su interés. A comienzos del siglo XX se presentaron películas por primera vez en salas de teatro. Harry tenía 21 años cuando se presentó la primera película en pantalla gigante en un teatro de París. Estas primeras películas eran en blanco y negro, y no tenían sonido. Una orquesta en vivo creaba el fondo musical. Eran películas muy cortas, y la acción era interrumpida por cortes buscos. Sin embargo, todo el mundo estaba fascinado con el nuevo entretenimiento. Harry, por supuesto, nunca perdía una oportunidad de hacerse más famoso. ¿Qué podría ser más perfecto que una carrera como artista de cine?

La primera película de Harry se llamó *The Master Mystery* ("El maestro del misterio"). Se estrenó en

# EL CINE

A finales del siglo XIX había en todo el mundo una competencia por ser el primero en inventar la cámara filmadora. Tomás Edison inventó una. En Francia, Luis Lumiere inventó otra que era mejor, liviana y portátil.

La primera película fue filmada por Luis y su hermano Augusto. Mostraba a unos obreros saliendo de una fábrica al final de un día de trabajo. ¡Lo curioso es que los hermanos Lumiere no creían que hacer películas tuviera ningún futuro! Para ellos no tenía sentido pensar que la gente quisiera ver imágenes en movimiento de cosas que se podían ver en el mundo real todos los días. No tenían ni idea de lo popular que iba a ser el cine algún día.

En 1910 el cine mudo ya gozaba de popularidad en todo Estados Unidos. Las primeras películas en serie se estrenaron en 1913. No fue hasta 1927, un año después de la muerte de Houdini, que se comenzaron a hacer películas con sonido. Y la primera película de largometraje en color, *Becky Sharp*, se estrenó en 1935.

1919. Fue una serie, es decir, se presentó en episodios semanales, en lugar de presentar toda la película de una vez (más parecido a un programa de televisión que a una película de cine). En la serie, cada episodio terminaba con una emocionante situación de suspenso... por ejemplo, con la heroína amarrada a una vía férrea y un tren aproximándose. El público debía regresar la semana siguiente para saber si la mujer escapaba o no, y cómo lo lograba.

Parecía como si este tipo de cine se hubiera diseñado pensando en Harry Houdini. Toda su carrera se había basado en situaciones de las que parecía imposible escapar. Cada episodio de *The Master Mystery* finalizaba con Harry atrapado y en un gran peligro. El siguiente comenzaba con su escape, seguido de Harry persiguiendo a "los malos de la película". Suena como un gran programa de televisión, ¿verdad? Ahora, el público podía ver en una pantalla algunos de los escapes más famosos de Houdini.

Esta película mostraba toda la habilidad y fuerza que requería cada escape, sin revelar sus secretos. Por ejemplo, en una escena, Harry estaba encadenado por las manos a una pared. Con los dedos de los pies, alcanzaba un llavero, elegía la llave correcta y abría la cerradura de su celda.

El argumento de la película era muy complicado, pero emocionante. Harry hacía el papel de un agente encubierto que trabajaba para el gobierno. El villano era un robot. Aunque era obvio que el robot era una persona disfrazada, de todas maneras la idea del robot fue un giro nuevo e interesante. *The Master*

*Mystery* presentó al primer villano robot en la historia del cine.

*The Master Mystery* fue un éxito internacional. Harry Houdini fue visto por primera vez en lugares como India y Japón. Por supuesto que muchos de los que vieron la película ya sabían quién era él. A esa altura de su carrera, Houdini en realidad no necesitaba una película para aumentar su fama, pero le encantaba atraer la atención de la gente, y a la gente le encantaba ir a verlo. Harry estaba listo para hacer más películas.

Houdini protagonizó cuatro películas más durante los siguientes cuatro años. Pero cada una recaudó menos dinero que la anterior. Después de *The Master Mystery*, Houdini dejó de hacer series y comenzó a hacer películas completas más largas. Quizás eso fue parte del problema, pues el público ya no quedaba en suspenso semana tras semana. Sus películas *The Grim Game* ("El juego macabro"), *Terror Island* ("La isla del terror"), *The Man from Beyond* ("El hombre del más allá") y *Haldane of the Secret Service* ("Haldane, del Servicio Secreto") tuvieron muy mala crítica. La mayoría de los críticos estuvieron de acuerdo en que Houdini era un estupendo artista del escape, pero un muy mal actor.

El mayor problema, sin embargo, era que no había manera de distinguir entre los escapes reales y los escapes creados con trucos de la cámara. A pesar de que Houdini hacía la mayoría de sus propios trucos, el público sabía lo fácil que era falsificar el peligro en el cine. Por la naturaleza misma de sus actos, la actuación de Harry era mucho más emocionante cuando se presentaba en vivo.

Aun así, Houdini se convirtió en una estrella de cine, y hasta le hicieron una estrella en el Paseo de la Fama de Hollywood.

# Capítulo 8
# Entonces, quieres ser ilusionista

A medida que se fue haciendo viejo, Houdini comenzó a tener dificultades para hacer algunos de sus escapes. Lo primero que hizo fue eliminar los trucos con esposas. Al fin y al cabo, otros magos ya habían copiado muchos de esos trucos. Después comenzó a reemplazar sus peligrosos escapes con sorprendentes actos de ilusionismo.

La mayoría de los magos comienzan su carrera haciendo ilusionismo, y Harry no fue la excepción. Un ejemplo clásico es el truco de sacar un conejo de un sombrero. Harry quería llevar el ilusionismo a un nivel completamente nuevo. Y lo logró.

En uno de sus nuevos números de ilusionismo, usaba pantallas y un muro de ladrillos de verdad. Un equipo de albañiles construía el muro en el medio

# Truco del muro de ladrillo

Se coloca una sábana sobre el piso del escenario, y se construye un muro de ladrillos sobre un armazón con ruedas.

Voluntarios del público inspeccionan el muro mientras los ayudantes colocan pantallas a ambos lados del mismo.

Houdini se esconde detrás de la pantalla de un lado del muro, y luego sale por el otro lado.

El truco

Escenario   Puerta secreta →

Sábana ←

Un ayudante abre una puerta secreta ubicada debajo del escenario. Houdini pasa al otro lado arrastrándose sobre la sábana escurrida por debajo del muro.

del escenario, frente al público. El piso del escenario estaba cubierto con una gran sábana sujeta debajo del muro. Harry les pedía a algunos voluntarios que subieran al escenario y se pararan en los bordes de la sábana. Luego, se paraba a un lado del muro y sus asistentes lo cubrían con una pantalla. Al otro lado del muro, colocaban otra pantalla. Entonces, todos se alejaban del muro y esperaban.

Harry asomaba la mano por encima de la pantalla y decía "Como ven, ¡aquí estoy!". Luego de que la mano desapareciera de la vista del público, los ayudantes quitaban la pantalla. ¡Houdini ya no estaba! Momentos después, Harry salía caminando por detrás de la pantalla que estaba al otro lado del muro.

¿Cómo lo hacía? Las personas en el escenario no lo habían visto caminar alrededor del muro. Habían visto levantar el muro, así que sabían que no había ninguna puerta secreta para atravesarlo. Y la sábana sobre el piso del escenario, garantizaba que el mago no había pasado por debajo del muro.

Bueno, esto último no era tan cierto. En realidad, eso era precisamente lo que Harry había hecho. Había una puerta secreta en el escenario, debajo del muro. Una vez que todo estaba en su lugar, uno de los asistentes, escondido debajo del escenario, abría la puerta secreta. La sábana se escurría creando el espacio suficiente para que Harry se pudiera deslizar por debajo del muro, encima de la sábana. Los que estaban parados sobre la sábana la mantenían fija, mientras Harry se metía por debajo. Estaban seguros de que estaban impidiéndole que los engañara, pero en realidad lo estaban ayudando a ejecutar el truco.

Otro de sus fabulosos actos de ilusionismo no es tan fácil de explicar. Muchos magos hacen "desaparecer" cosas (un conejo, una moneda, incluso una persona). Harry, sin embargo, quería hacer el acto de desaparición más grande del mundo. Fue así como creó su nuevo truco: La desaparición del elefante.

Harry sólo hacía este acto en teatros grandes, donde hubiera suficiente espacio en el escenario para

# La desaparición del elefante

Harry lleva a Jenny, el elefante, hasta una gran caja
sobre el escenario.

Jenny entra a la caja a través de unas cortinas
y el público no la ve más.

Los costados de la caja se abren para mostrar que Jenny ha desaparecido.

### El truco

Jenny había sido entrenada para buscar su comida favorita, saliendo a través de unas puertas de resorte que la llevaban a una jaula sobre ruedas que estaba escondida detrás de la gran caja.

La caja abierta no permitía que el público viera a los asistentes mientras se llevaban la jaula secreta.

un elefante. Comenzaba presentando a su elefante, que se llamaba Jenny. Luego, sus ayudantes entraban empujando una enorme caja con ruedas, lo suficientemente grande para contener a Jenny. Harry caminaba alrededor de la caja, abriendo las puertas de los cuatro costados para que el público viera que no había compartimientos secretos. Harry conducía a Jenny dentro de la caja y cerraba todas las puertas.

Unos segundos después, Harry volvía a abrir las puertas. Jenny no estaba dentro. Una vez más, Harry caminaba alrededor de la caja abriendo las puertas de todos los lados. ¡Jenny había desaparecido!

El público quedaba asombrado. ¿Cómo lo había hecho? El truco estaba en la construcción de la caja. Sin embargo, para el público, Harry había hecho desaparecer un elefante.

## Capítulo 9
## Entonces, quieres ser un héroe

Harry presentó por primera vez "La desaparición del elefante" el 1.º de enero de 1918, en un enorme edificio de la Ciudad de Nueva York llamado Hipódromo. Era parte de un gran espectáculo de magia que Harry montó con el fin de reunir dinero para las familias de los soldados estadounidenses que habían muerto en la Primera Guerra Mundial. Ésta era una causa muy importante para Harry, y por eso decidió hacer algo nuevo y asombroso.

La Primera Guerra Mundial estalló en Europa en 1914, mientras Harry realizaba una gira por Estados Unidos, que permaneció fuera de la guerra durante mucho tiempo. Harry canceló sus presentaciones en Alemania. También comenzó a contarles a los reporteros historias que lo hacían sonar más estadounidense.

# La Primera Guerra Mundial

La Primera Guerra Mundial comenzó el 28 de junio de 1914 y unió a Rusia, Gran Bretaña, Italia y Francia en contra de Alemania, Austria y lo que hoy es Turquía. Fue la primera guerra "moderna", en la que se usaron nuevas armas terroríficas como ametralladoras y tanques. Ambos bandos eran poderosos y estaban bien armados, y ninguno estaba dispuesto a rendirse. La guerra se prolongó por más de cuatro años. Murieron alrededor de 10 millones de personas.

Al comienzo, el presidente Woodrow Wilson decidió mantener a Estados Unidos fuera de la guerra. Le pidió a la gente que se mantuviera neutral, y trató de mantener las relaciones comerciales y diplomáticas con ambos bandos. Sin embargo, el 7 de mayo de 1915, un submarino alemán atacó el barco británico *Lusitania*. Murieron 128 estadounidenses. Luego, a comienzos de 1917, submarinos alemanes comenzaron a hundir barcos de todos los países amigos de Gran Bretaña, incluyendo Estados Unidos. El país y el presidente Wilson no tuvieron otra alternativa que entrar en la guerra. Las tropas, suministros y armas que aportaron los estadounidenses ayudaron a inclinar la balanza a favor de los enemigos de Alemania, hasta que finalmente, el noviembre de 1918, los alemanes se rindieron y se logró la paz.

Existía un gran sentimiento en contra de los alemanes en el país y Harry no quería verse asociado con el enemigo.

Harry continuó con sus giras y presentaciones como siempre. Sin embargo, ésta fue una época triste para él. El 17 de julio de 1913 entró en "un estado de conmoción del cual no creo que haya recuperación posible". La causa fue la muerte de su madre, Cecilia Weiss.

Durante toda su vida, Harry cumplió con la promesa que le había hecho a su padre. Siempre le envió dinero a su madre y la cuidó. Ella vivió con Harry y Bess en Nueva York hasta el día de su muerte. Con frecuencia, Harry la llevaba a Europa para que lo viera actuar. Siempre decía que su madre y Bess eran los amores de su vida.

Tal como Harry siempre lo había temido, su madre murió mientras él estaba de viaje por Europa. Tan pronto como

recibió la noticia, canceló el resto de la gira (incluyendo una presentación para el rey de Suecia) y regresó de inmediato a casa para el funeral. Harry lloró la muerte de su madre por el resto de su vida. Algunos decían que no hablaba de otra cosa. Durante unos años, permaneció triste y con dificultad para concentrarse. Sin embargo, no suspendió sus presentaciones.

Harry tenía la suerte de tener a Bess siempre a su lado, apoyándolo en todo. Incluso cuando él practicaba sus trucos más peligrosos, ella nunca dudaba de que pudiera salir sano y salvo. A veces, él se preocupaba más que ella. Una vez, antes de saltar de un puente, le entregó a un amigo un papel que decía "Le dejo todo a Bess". Quería estar seguro de que a Bess nunca le faltaría nada en caso de que algo le pasara a él.

En abril de 1917, Estados Unidos decidió entrar en la guerra de Europa. Ese mismo mes, Harry se registró para el servicio militar. Estaba decidido a ayudar de cualquier manera. Lamentablemente,

Harry tenía 43 años, y eso lo hacía demasiado viejo para combatir en la guerra, aunque su estado físico era mejor que el de muchos jóvenes. Sin embargo, buscó otras maneras de ayudar. Millones de personas estaban dispuestas a pagar para verlo actuar. Entonces, ¿por qué no donar algo de ese dinero para ayudar con los costos de la guerra?

Harry hizo presentaciones en todo el país con el fin de reunir dinero para las tropas estadounidenses. También hizo presentaciones para miles de soldados. Actuó para los heridos en los campamentos del ejército. Hasta les dio clases a los soldados que se preparaban para ir a la guerra: les enseñó a liberarse

de las esposas y candados alemanes. Harry siempre había mantenido sus secretos muy guardados; ahora, estaba revelando algunos de ellos. Valía la pena, si eso ayudaba a Estados Unidos a ganar la guerra.

"No se trata de si 'vamos a ganar' o 'vamos a perder'", escribió. "TENEMOS QUE GANAR, y eso es todo." Solamente el espectáculo del Hipódromo (donde presentó por primera vez "La desaparición del elefante") recolectó cerca de diez mil dólares para las familias de los soldados estadounidenses.

Toda su vida, Houdini dedicó tiempo a lo que llamaba "buenas obras". Éstas incluían la donación de dinero a hospitales y orfanatos, donde también se presentaba gratis. Los niños lo adoraban, y a él le encantaba hacer presentaciones para ellos.

Harry siempre vivió con la tristeza de no haber tenido hijos con Bess. Era lo único que le faltaba a su matrimonio. Sentía celos de su hermano Theo, que tenía dos hijos. De todas maneras, Harry y Bess eran felices. Sus mascotas eran como sus hijos. Su perro, Charlie, viajó con ellos durante ochos años.

Harry y Bess tenían además muchos amigos, a pesar de que él siempre tenía demasiadas ocupaciones para atender su vida social. Le encantaba conocer a otras personas famosas, especialmente aquellos que sabían quién era él. En uno de sus viajes en barco de Europa a Estados Unidos, dejó asombrado al presidente Teddy Roosevelt con algunos de sus trucos. Por el resto de su vida, Harry guardó como un tesoro la fotografía que se tomó con el presidente.

Harry y Teddy

Charlie y Harry

También existen fotografías de Houdini con Charles Chaplin y Buster Keaton, que eran dos de las más grandes estrellas cómicas del cine mudo. Houdini también se hizo buen amigo de Jack London, autor de *La llamada de la naturaleza* y *Colmillo blanco*. También conoció a Sir Arthur Conan Doyle, el creador de Sherlock Holmes, pero esta amistad no tuvo un final feliz para Houdini.

Harry y Jack

# Capítulo 10
## Entonces, quieres ser detective

Sir Arthur Conan Doyle fue un escritor inglés, famoso por sus novelas de misterio sobre el gran detective Sherlock Holmes, que tuvieron gran éxito de ventas. Holmes era brillante y un gran observador; podía deducir una centena de cosas acerca de un hombre con tan sólo mirarlo y escucharlo. Sherlock Holmes usaba la lógica para resolver misterios, como quien estudia las piezas de un complicado rompecabezas para armarlo. Nadie podía engañarlo. Sin embargo, su creador, Sir Arthur Conan Doyle, no se parecía mucho a su perspicaz y desconfiado héroe.

Cuando Houdini y Conan Doyle se conocieron, Sir Arthur estaba comenzando a interesarse en un nuevo movimiento llamado "espiritismo". El espiritismo era muy popular durante la década de 1920, después de la Primera Guerra Mundial. Los espiritistas decían que se comunicaban con los fantasmas y espíritus de los muertos. Después de la guerra, mucha gente quería (y necesitaba) creer que podía contactar a sus seres queridos fallecidos.

En una sesión de espiritismo, unas personas que se llaman "médiums" se reúnen con otras personas alrededor de una mesa y tratan de comunicarse con los muertos. Un médium recurre a muchos fenómenos misteriosos para demostrar que los fantasmas están en realidad presentes... objetos que vuelan, golpes en la mesa, instrumentos que suenan solos...

Sir Arthur Conan Doyle

Sir Arthur decía que el espiritismo era "el desarrollo más importante en toda la historia de la raza humana". Harry no creía ni una sola palabra de esto. Él sabía cómo funcionaba

# El espiritismo

El espiritismo se volvió muy popular en Estados Unidos a finales del siglo XIX. Dos hermanas, Margaret y Catherine Fox, decían que escuchaban los movimientos de un fantasma en su casa. Aseguraban que podían interpretar los golpes que producía el fantasma, que eran en realidad mensajes del mundo de los espíritus. Sus sesiones con el fantasma se convirtieron en espectáculos a los que podía asistir la gente. Muy pronto, las dos chicas comenzaron a viajar por todo el país, para "conversar" con otros espíritus.

La popularidad del acto de las Fox atrajo a miles de personas que acudieron en tropel para unirse a lo que creían un nuevo movimiento religioso: el espiritismo. Sin embargo, el espiritismo recibió un duro golpe en 1888, cuando Margaret Fox admitió públicamente que ella y su hermana eran unas farsantes. Ellas hacían todos los ruidos con los pies. Margaret quería que se supiera la verdad.

Pero mucha gente se negó a aceptar que el espiritismo era un fraude. Uno de ellos fue Sir Arthur Conan Doyle, que insistía en que Harry Houdini tenía poderes sobrenaturales.

aquello de hablar con los muertos pues había formado parte de sus espectáculos en sus comienzos, pero había dejado de hacerlo porque le parecía que no estaba bien engañar a la gente. Estaba convencido de que estos nuevos "médiums" también eran unos embaucadores.

A Harry le sorprendía enormemente que Sir Arthur creyera en el espiritismo. ¿Cómo podía un hombre tan inteligente, tan respetuoso de la lógica, dejarse engañar por trucos de salón? La respuesta es que la gente cree en lo que quiere creer. Sir Arthur había perdido a un hijo en la Primera Guerra Mundial. Después de que un médium le transmitió un mensaje de su hijo, Sir Arthur deseaba con desespero creer que fuera verdad. Los Conan Doyle estaban tan comprometidos con el espiritismo que Lady Conan Doyle comenzó a intentar comunicarse ella misma con los espíritus.

Harry no mencionó sus dudas cuando conoció a Sir Arthur. Quería ser amigo de este gran escritor.

Excepto por el asunto del espiritismo, se llevaban muy bien. Sir Arthur sentía fascinación por los actos de ilusionismo y la destreza de Harry. Incluso unos años más tarde, cuando ya habían dejado de hablarse, Sir Arthur seguía diciendo que estaba seguro de que Harry tenía poderes psíquicos. ¿Qué otra cosa podría explicar sus escapes? Por supuesto que Harry podría explicar cómo lo hacía, pero no iba a revelar sus secretos tan fácilmente.

Los dos hombres se conocieron en 1920 y fueron amigos cercanos por casi dos años. A comienzos de 1922, Harry aceptó participar en una sesión de espiritismo, sólo por el cariño que sentía por Sir Arthur. Fue un gran error.

Los Conan Doyle se estaban hospedando en Nueva Jersey durante una gira que el escritor estaba realizando por Estados Unidos. Los Houdini llegaron a visitarlos un fin de semana y Sir Arthur propuso que hicieran algo conocido como una sesión de espiritismo de escritura automática. Lady Conan

Doyle entraría en trance y trataría de contactar espíritus. Luego, escribiría lo que éstos le "dijeran". Sir Arthur creía que quizás podrían contactar a la madre de Harry.

Harry estaba muy nervioso, pero accedió a participar. Probablemente había una parte de él que deseaba que de verdad pudieran comunicarse con Cecilia. Harry extrañaba muchísimo a su madre.

Sir Arthur quedó muy emocionado por los resultados de la sesión. Su esposa llenó 15 páginas con mensajes para Harry en los que su madre le expresaba su amor y cuánto lo extrañaba.  Sir Arthur creía que Harry tenía que estar tan convencido como él. Con seguridad, no podía desconfiar después de semejante evidencia.

Harry no quiso ofender a Sir Arthur Conan Doyle. Por cortesía, no dijo nada durante la sesión acerca de sus sospechas. Sin embargo, más tarde, en su diario y en cartas a sus amigos, reveló sus dudas abiertamente.

Por una parte, decía, Lady Conan había comenzado el mensaje dibujando una cruz en la parte superior del papel. Según ella, esto era una señal típica de que el espíritu contactado era "bueno". Sin embargo, Harry no creía que su madre, que era judía, podría haber dibujado una cruz. Lo más sospechoso era que los mensajes eran completamente en inglés, un idioma que la madre de Harry jamás había hablado. Si ella hubiera querido enviarle un mensaje, con seguridad lo habría escrito en alemán.

Sir Arthur supo de los comentarios de Harry y se enfureció. ¿Cómo se atrevía Houdini a acusar a su esposa de farsante? Para ser justos, es probable que Lady Conan Doyle no hubiera tratado de engañar a Houdini. Es posible que estuviera convencida de que estaba recibiendo mensajes de Cecilia Weiss, debido a lo mucho que creía en el espiritismo y en su conexión con el mundo de los espíritus.

En abril de 1922, Harry y Sir Arthur comenzaron a escribirse cartas donde expresaban su enojo. La disputa pronto salió a la luz pública. A los periódicos les encantaba la idea de tener a dos figuras públicas famosas peleándose por un tema tan candente. Publicaron artículos escritos por cada uno de ellos, en los que defendían su posición. Éste era un asunto en el cual los dos siempre iban a estar en desacuerdo, de manera que esto destruyó su amistad.

Durante los dos años siguientes, Harry dedicó gran parte de su tiempo a desenmascarar a médiums farsantes y a desmitificar a los espiritistas. Llegó

incluso a publicar varios libros sobre el tema, incluyendo uno titulado *Un mago entre los espíritus*, publicado en 1924. Houdini desafío a cualquiera a producir un "fenómeno relacionado con espíritus" que él no pudiera reproducir con trucos de magia. Si alguien lograba convencerlo, él le pagaría $10,000. Como sucedió con sus desafíos con las esposas, nunca tuvo que pagar nada.

También viajó por todo el país presentando un acto especialmente diseñado para mostrar cómo funcionaban los trucos de los médiums. Muchas sesiones de espiritismo se hacían en cuartos oscuros, donde las personas se sentaban en círculo, tomadas de las manos. Harry mostraba de qué manera el médium creaba con sus pies y su cabeza los ruidos y los efectos que la gente oía y veía en la oscuridad. También demostraba cómo los "síquicos" podían fácilmente conseguir información sobre la gente para engañarla.

Houdini asistió a sesiones de espiritismo en todo el país. Les hacía a los médiums preguntas que sólo su madre podría responder. Decía que si ellos en realidad podían hablar con los muertos, podrían con seguridad obtener la respuesta de ella. A veces se disfrazaba, pues muchos médiums se rehusaban a realizar su acto de espiritismo si Houdini estaba presente.

Es posible que Harry en el fondo deseara encontrar un médium de verdad. Hubiera dado lo que fuera por hablar con su madre, al menos una vez más. Decía que si encontraba a alguien que lo convenciera, estaba dispuesto a admitirlo. A Harry le parecía terrible que a hombres y mujeres que estaban en duelo y eran vulnerables se les cobrara dinero por mentiras y engaños. Sentía que otra manera de ayudar a las personas era desenmascarando a estos farsantes.

# Capítulo 11
## Entonces, quieres ser recordado por siempre

Mucha gente cree que Houdini murió en uno de sus difíciles escapes. De hecho, hay una película sobre su vida (en gran parte ficticia), hecha en 1953, llamada *Houdini*, en la cual Harry se ahoga durante uno de sus temerarios actos. Es cierto que sus escapes eran peligrosos, y podrían haberle causado la muerte. Sin embargo, no sucedió así.

En la mañana del 22 de octubre de 1926, Harry estaba en la Universidad McGill, en Montreal, Canadá. Unos días antes, se había fracturado un tobillo durante un escape. No sólo cojeaba sino que estaba cansado y estresado porque Bess se había intoxicado con algo que había comido. Pero no importaba lo mal que se sentía. Nada podía impedirle hacer sus presentaciones, así que continuaba actuando.

Harry descansaba en su camerino, mientras le pintaban un retrato, cuando un estudiante de la universidad llamó a la puerta. Comenzó a hacerle preguntas a Harry acerca de su vida, sus creencias y, por supuesto, sus trucos. A pesar de estar cansado, Harry fue amable.

—¿Es verdad, señor Houdini, que usted es tan fornido que le pueden dar un fuerte golpe en el estómago sin hacerle daño? —le preguntó en cierto momento el estudiante.

Harry era muy fuerte, pero, sobre todo, sabía qué hacer con sus músculos para que un golpe no le hiciera daño. Generalmente, le tomaba un momento prepararse para endurecer el estómago. El estudiante le preguntó si podía golpearlo y Harry dijo que sí. Lamentablemente, Harry no estaba muy atento en realidad, de manera que, antes de que estuviera preparado, el joven comenzó a golpearlo fuertemente.

—¡Oiga! ¡Deténgase! —gritaron otras personas que estaban en el cuarto—. ¿Acaso está loco?

Harry levantó la mano y el estudiante dejó de golpearlo.

—Eso es suficiente —dijo Harry con debilidad.

Harry sentía mucho dolor. Lo que no sabía era que el joven, accidentalmente, le había lastimado el apéndice. Harry estaba en grave peligro, pero se negó a cancelar sus presentaciones. Era Harry Houdini. No iba a permitir que un pequeño dolor de estómago lo afectara.

Harry hizo su última presentación en Detroit la noche del 24 de octubre antes de sufrir un colapso.

Luego de insistir, Bess logró llevarlo al hospital, y el 25 de octubre le extrajeron el apéndice. Por desgracia, era demasiado tarde. La lesión le había causado una infección severa. Harry luchó durante varios días por permanecer con vida. Hasta que al fin, le dijo a su hermano Theo: "Estoy cansado de luchar... No puedo luchar más". Ésas fueron sus últimas palabras.

Harry murió en Halloween, el 31 de octubre de 1926, a la edad de 52 años. Luego de un gran funeral, al que asistieron miles de personas, fue enterrado junto a su madre en el cementerio de Machpelah, en el municipio de Queens, en la Ciudad de Nueva York.

Durante años, Bess trató de comunicarse con el fantasma de Harry. Él le había prometido que, si era cierto que los muertos podían regresar a hablar con los vivos, él encontraría la manera de contactarla.

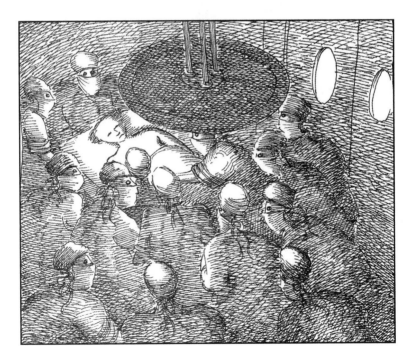

Incluso le dio un mensaje secreto que le serviría para saber si en realidad se trataba de él. Sin embargo, el mensaje nunca le llegó.

Bess vivió por muchos años más, pero nunca se olvidó de Harry, y dedicó el resto de su vida a mantener viva su memoria.

¿De qué se trataba entonces la magia de Houdini? ¿Cómo hacía sus sorprendentes trucos?

Hoy en día sabemos cómo funcionaban algunos. "La Metamorfosis" y el "Escape del recipiente de leche" eran prácticamente trucos mecánicos. La mitad del truco estaba en el aparato que usaba. Aun así, sería difícil (y muy peligroso) repetir los números de Harry. La verdad es que él pudo haber sufrido un accidente fatal durante la realización de la mayoría de sus escapes. Sin embargo, eso a Harry no le importaba. Le encantaba actuar y le encantaba ser famoso. También le encantaba ser la única persona en el mundo capaz de hacer sus trucos.

Harry nació en una época de descubrimientos e inventos. Adoraba el mundo moderno, y su vida lo demuestra con cosas como la fascinación por los aviones, por el cine o por el triunfo de la ciencia sobre el espiritismo. Si hubiera vivido en nuestro tiempo, probablemente hubiera sido el primer artista del espectáculo en tener su propio sitio en Internet, y estaría tratando de encontrar maneras de escapar de una nave espacial.

De niño, Harry fue uno de los millones de inmigrantes que llegaron a Estados Unidos con el deseo de convertir sus sueños en realidad. Dedicó su vida a cumplir su sueño e invirtió toda su energía en cada cosa que hacía. Demostró que cualquiera puede lograr lo que sea si se esfuerza y cree en sí mismo.

Todavía hoy existen muchos misterios acerca de Harry Houdini. La gente se pregunta si detrás de su magia había algún gran secreto que nunca nadie conoció. A Harry le encantaba que la gente pensara eso. Es casi imposible explicar algunos de sus trucos. Sin embargo, como Bess siempre decía, la magia no estaba en realidad en los trucos. La magia de Harry estaba en el hombre, en el mismísimo Harry Houdini.

# Línea cronológica de la vida de Houdini

1874 — Nace Harry (Ehrich Weiss) en Budapest, Hungría, el 24 de marzo.

1875 — Harry y su familia se mudan a Estados Unidos.

1886 — Harry se escapa de su casa.

1887 — Harry se muda con su padre a la Ciudad de Nueva York.

1891 — Harry lee *Memorias de Robert-Houdin*, libro que lo inspira a convertirse en mago.

1892 — El padre de Harry, el rabino Mayer Samuel Weiss, muere el 5 de octubre.

1893 — Harry y su hermano Theo actúan en la Feria Mundial de Chicago.

1894 — Harry conoce a Beatrice (Bess) Raymond y se casa con ella.

1899 — Martin Beck descubre a Harry y éste comienza a actuar en teatros de variedades.

1900 — Harry y Bess se embarcan rumbo a Inglaterra para hacer una gira por Europa.

1902 — William Hodgson desafía a Harry en Inglaterra.

1905 — Harry y Bess regresan a Estados Unidos.

1908 — Harry presenta por primera vez su truco del recipiente de leche.

1910 — Harry se convierte en la primera persona en volar un avión en Australia.

1913 — La madre de Harry, Cecilia Weiss, muere el 17 de julio.

1919 — Harry presenta "La desaparición del elefante" en la Ciudad de Nueva York.
Se estrena la primera película de Harry, *The Master Mystery*.

1922 — Harry participa en una sesión de espiritismo que termina con su amistad con Sir Arthur Conan Doyle.

1923 — Harry publica su libro *Un mago entre los espíritus*.

1926 — Harry muere el 31 de octubre.

# LÍNEA CRONOLÓGICA DEL MUNDO

Se realiza en París la primera exposición de pintura impresionista. — 1874

Nace Albert Einstein. — 1875

Se inaugura la Estatua de la Libertad. — 1886

Sir Arthur Conan Doyle publica su primera obra sobre Sherlock Holmes. — 1887

Se inventa el baloncesto en Massachusetts. — 1891

Se inaugura la isla Ellis en la bahía de Nueva York. — 1892

Nueva Zelanda se convierte en el primer país del mundo — 1893
que permite a las mujeres votar.

Rudyard Kipling publica "El libro de la selva". — 1894

Se inaugura el Museo de los Niños de Brooklyn, — 1899
el primer museo para niños del mundo.

El Dr. Sigmund Freud publica *La interpretación de los sueños*. — 1900

Se descubre el primer fósil de un *Tyrannosaurus rex*. — 1902
Beatrix Potter publica su primer cuento sobre *Peter Rabbit*.

Se inaugura el metro de la Ciudad de Nueva York. — 1904

Henry Ford desarrolla el primer automóvil Modelo T — 1908
y lo vende por $850.

Se funda la organización *Boy Scouts of America*. — 1910

Aparece el primer crucigrama en el periódico *World* de Nueva York. — 1913

Se inaugura el Monumento a Lincoln. — 1922
Se descubre la tumba del rey Tutankamón.

Rin-Tin-Tin se convierte en el primer perro estrella del cine. — 1923

Muere Annie Oakley. — 1926

# ¿Quién fue...?

¿Quién fue Albert Einstein?

¿Quién fue Amelia Earhart?

¿Quién fue Ana Frank?

¿Quién fue Benjamín Franklin?

¿Quién fue Fernando de Magallanes?

¿Quién fue Harriet Tubman?

¿Quién fue Harry Houdini?

¿Quién fue Mark Twain?

¿Quién fue el rey Tut?

¿Quién fue Tomás Jefferson?